ALLOCUTION

PRONONCÉE

DANS LA CHAPELLE DU MONASTÈRE DE LA CONGRÉGATION DE NOTRE-DAME

LE 28 FÉVRIER 1884

PAR MGR L'ÉVÊQUE DE CHALONS

POUR LA

PRISE D'HABIT

DE

MLLE MARIE PAVY

EN RELIGION SOEUR MARIE-DU-SACRÉ-COEUR

G. Sourieu

CHALONS-SUR-MARNE
IMPRIMERIE MARTIN FRÈRES, PLACE DU MARCHÉ-AU-BLÉ, 50

1884

ALLOCUTION

DE Mgr L'ÉVÊQUE DE CHALONS

POUR LA

PRISE D'HABIT DE Mlle MARIE PAVY

ALLOCUTION

PRONONCÉE

DANS LA CHAPELLE DU MONASTÈRE DE LA CONGRÉGATION DE NOTRE-DAME

LE 28 FÉVRIER 1884

PAR Mgr L'ÉVÊQUE DE CHALONS

POUR LA

PRISE D'HABIT

DE

Mlle MARIE PAVY

EN RELIGION SOEUR MARIE-DU-SACRÉ-COEUR

CHALONS-SUR-MARNE

IMPRIMERIE MARTIN FRÈRES, PLACE DU MARCHÉ-AU-BLÉ, 50.

1884

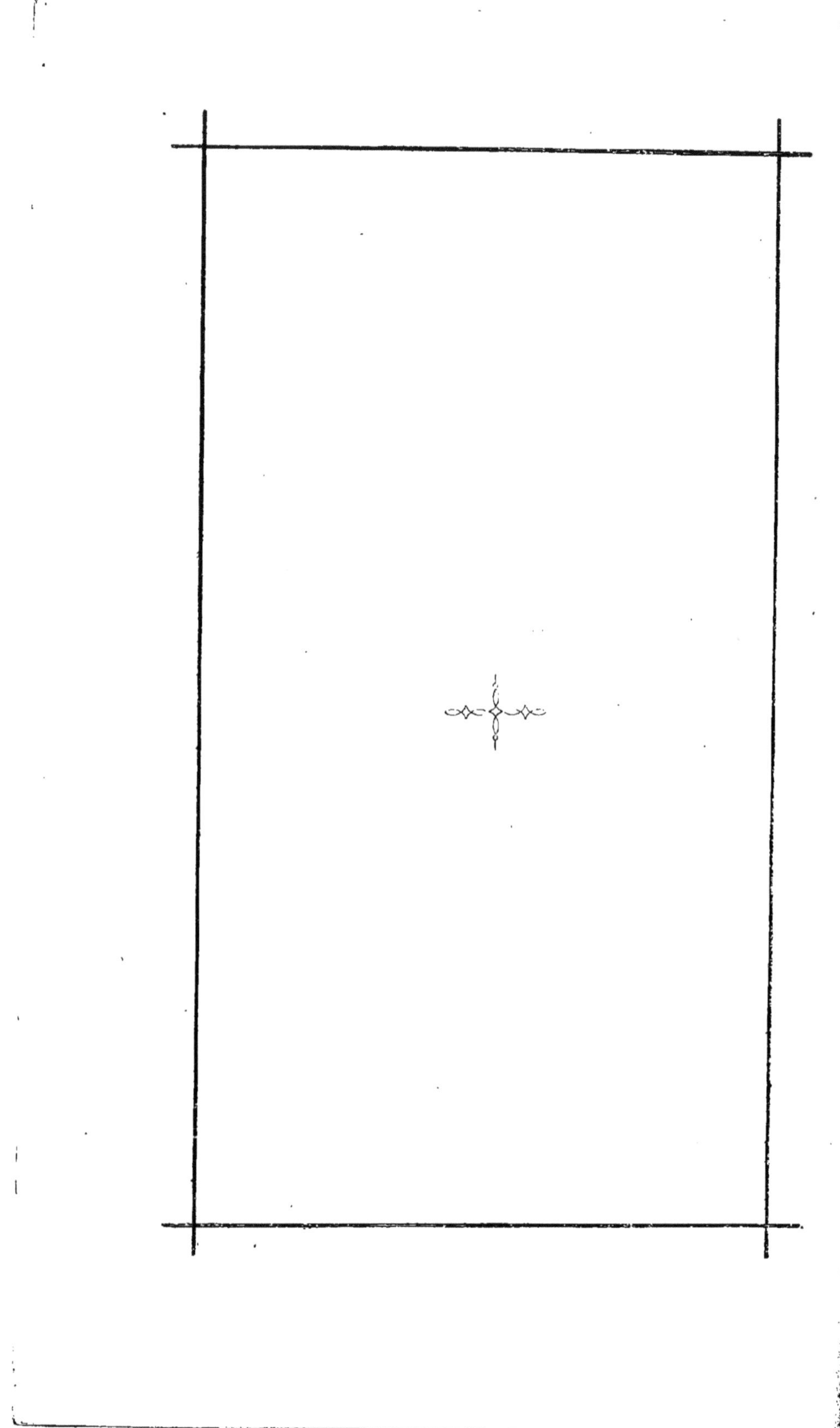

ALLOCUTION

PRONONCÉE

DANS LA CHAPELLE DU MONASTÈRE DE LA CONGRÉGATION NOTRE-DAME

LE 28 FÉVRIER 1884

PAR Mgr L'ÉVÊQUE DE CHALONS

POUR LA

PRISE D'HABIT

DE Mlle MARIE PAVY

EN RELIGION SOEUR MARIE-DU-SACRÉ-CŒUR

Hic habitabo, quoniam elegi eam.
Je veux habiter ce monastère : c'est la maison de mon choix. — Ps. CXXXI, 14.

Le Couvent de Notre-Dame qui nous réunit est cher aux chrétiens de Châlons, parce qu'il est étroitement lié à l'histoire de la Ville depuis 300 ans, et que la plupart des femmes éminentes qui sont à la tête de nos foyers ont été formées ici : c'est leur berceau.

La cérémonie qui nous y appelle, émouvante pour tous, l'est surtout pour moi-même; car cette maison est une des premières pages de ma vie pontificale. Je venais à peine de m'asseoir au siège du Père de la famille diocésaine, lorsqu'une jeune chrétienne, mortellement blessée par le malheur, se jetait à mes pieds : la foudre venait de frapper son père à ses côtés! Orpheline pour la seconde fois, noyée dans ses pleurs, elle était éperdue. Et lorsqu'on lui marquait obligeamment des points d'appui dans la société humaine, la pauvre enfant ne comprenait pas; elle écoutait à peine..... Pour elle la terre entière consistait en deux cercueils! Elle était comme la colombe, aux temps désolés du déluge : à peine sortie de l'Arche, c'est-à-dire de ce monastère, asile de son éducation, elle battait de l'aile à la fenêtre pour y rentrer. J'ouvris. Elle y rentra, et, depuis, elle n'a cessé de dire : « Voilà la maison de mon choix, je n'en veux plus sortir. »

Nous venons consacrer son choix. J'y convie le Ciel devant vous tous, qui êtes les amis de la jeune vierge, et je l'y convie d'un cœur ouvert à toutes les espérances, car le *Couvent de Notre-Dame* promet un plus parfait essor, soit à son âme, soit à sa carrière.

I.

Quel essor promet-il à son âme? — Je réponds qu'il la rendra plus belle, plus libre, plus heureuse.

— Bossuet dit qu'on a raison d'admirer la beauté d'un moule, parce que son caractère est d'imprimer sa propre beauté à toute matière qui est coulée dans ses flancs. Avant d'y pénétrer, le bronze est informe; quand il en sort, c'est une vivante et sublime effigie.

Or le monastère est un moule supérieur, creusé par les plus habiles mains. Jésus-Christ y a marqué tous les traits et contours de sa physionomie divine; car le monastère est l'évangile intégral (1), l'évangile mis en relief plus vif, en ciselures plus nettes, soit par la règle du Fondateur, soit par ses exemples (2), soit par la mémoire de toutes les aïeules célèbres (3), soit par le charme

(1) *Formam habè sanorum verborum.* II Tim. I, 13.
(2) *Forma facti gregis.* I Petr. V, 3.
(3) *Habetis formam nostram.* Philip. III, 17.

pénétrant de quelques contemporaines..... elles sont là, au milieu de vous, à votre tête (1).

Voilà le moule. Et pour y couler une âme, que faut-il? Oh! vous le devinez. Ce qui dispose le bronze à prendre la forme que le burin lui a préparée là, c'est le feu. Le feu de l'âme,... c'est l'Esprit de Dieu qui, tantôt par la contemplation des belles choses, tantôt par la lecture, tantôt par le mouvement direct et secret de l'inspiration, tantôt par l'attendrissement des souvenirs, allume l'admiration et l'amour, les magnanimes désirs et les magnanimes dégoûts, les beaux renoncements et les belles espérances (2). C'est l'âme mise en fusion par l'esprit divin (3).

Et voyez comme le monastère réalise la condition nécessaire du moule : il est clos. Le monde est trop ouvert, l'âme s'y répand au hasard, elle y subit les empreintes les plus contradictoires ; c'est la cause de nos amoin-

(1) *Facti estis forma omnibus.* I Thess. I, 7.

(2) *Emittet verbum suum, et liquefaciet ea.* Ps. CXLVII, 18.

(3) *Anima mea liquefacta est.* Cant. V, 6.

drissements [1]. Ici, au contraire, l'âme est contenue en des lignes magnifiquement arrêtées. Elle se tient prisonnière dans ce modelé de la beauté morale. Elle se complaît dans cette concentration vigoureuse, dit S. Augustin [2]. A la différence des âmes communes, qui sont à peine l'ébauche de ce qu'elles pouvaient et devaient devenir, elle apparaît embellie, grandie. C'est une personnalité en splendeur avec ses aptitudes portées à une haute puissance. Là, c'est un Grégoire VII ; ici, un Bernard ; ailleurs, c'est une Catherine de Sienne : dans ce Couvent, ce sera peut-être vous, ma fille ; pour teindre ma pensée des couleurs de l'évangile, le Couvent sera pour vous la colline de la *Transfiguration*.

En ajoutant à la beauté de votre âme, le monastère ajoutera aussi à sa liberté. Il est vrai, l'obéissance vous y attend ; mais à qui obéirez-vous ? A Celui-là seul qui est la raison souveraine, la bonté souveraine ; à

(1) *Quoties inter homines fui, minor homo redii.* Imit. L. I, Ch. XX, 2.

(2) *Totum quod meum a dispersione collegi.* S. Aug.

Celui dont un génie chrétien a pu dire qu' « il tire ses lois de nos intérêts. » « Dans les sociétés issues de l'évangile, dit-il ailleurs, les sujets obéissent sans dépendre, les supérieurs gouvernent sans commander. On porte un joug unique, celui d'une sainte liberté. » L'obéissance des monastères, c'est la liberté envers Dieu.

Combien plus est-elle la liberté envers les créatures! Leurs chaînes ne franchissent pas ces portes. Ailleurs, elles gênent la liberté de l'âme par séduction.... Vous voilà trop loin et trop haut de leurs trompeurs mirages pour en être fascinée. En pensant à vous, il nous sera permis de redire tranquillement le mot célèbre de l'orateur chrétien : « Le monde est trop petit pour son cœur, son cœur trop petit pour son amour. »

Ailleurs, l'intérêt crée de viles servitudes. Un moraliste disait, avec trop d'amertume peut-être : « Si d'aucuns portaient autant de chevrons qu'ils ont prêté de serments, ils seraient plus bariolés que la livrée des Montmorency... » Les femmes sont-elles à l'abri de ces calculs? Leurs alliances sont-elles toujours d'accord avec leurs inclinations? Ici du moins, vous le savez, on connaît les imprévoyances généreuses, on n'y connaît ni les empressements calculés, ni les adoptions intéressées. Regardez très près de vous, au-dessus de vous : il y a là une supérieure dont le consentement aurait été plus prompt, et la tendresse moins contenue, si vous aviez eu le seul prestige qui vous manque pour lui plaire, le prestige de la pauvreté.

Ailleurs, la force écrase la liberté des faibles. Ni la jeunesse, ni la grâce de votre sexe n'en exemptent. Comment s'y dérober?... Il y a deux méthodes. La première consiste à s'aplatir devant les forts.... Ce que vous avez vu sans doute; il vous a suffi d'ouvrir les yeux. La seconde méthode consiste à s'élever au-dessus des forts. Quand une âme s'élève, les oppresseurs ont beau frapper, elle est hors d'atteinte, elle plane et sourit. C'est la méthode du monastère. On peut briser ses murs, on ne peut pas briser l'âme de ses vierges.

Vous le voyez, ma chère Sœur, le sacrifice qui semble couper les ailes de la liberté leur donne plus d'envergure. Vous défierez en riant, et la perfidie des vains songes, et la courte prudence des vains intérêts; et si jamais la violence menaçait ce pacifique asile, vous la défieriez encore d'un œil serein.

Le monastère vous promet une âme plus belle, plus libre, et aussi plus heureuse. On dit qu'il commande des sacrifices? Oui; mais lesquels? Celui des passions. Or retrancher les passions, c'est retrancher les douleurs. Est-ce que la paix radieuse n'est pas la fille de l'ordre? Elle est donc le partage d'une âme bien ordonnée.

Il y a longtemps que Tertullien adressait aux païens cette apostrophe originale : « Vous créez vos dieux, et vous y procédez d'une façon étrange : vous taillez le marbre, et vous l'adorez. » Les chrétiens ne font pas ainsi : ils taillent l'âme, et il en sort non pas un dieu, mais une bonne copie de Dieu. Cette copie serait-elle digne de ce nom si elle ne comprenait pas la félicité qu'il signifie?

Oui, la vierge des monastères porte en soi la copie d'une telle félicité, et voici comment. L'âme mondaine endure le tourment du vide. Elle est creusée pour recevoir l'Océan, et le monde y jette..... des gouttes d'eau!

Une toilette, un grain d'encens, une idole.... voilà les gouttes d'eau. De là le malaise immense qui perpétue cette fameuse plainte : « Mon âme, quelle tristesse !..... quel trouble ! ». [1] Le monastère promet de remplir la vaste étendue de votre âme, non pas avec des gouttes d'eau, mais avec le vrai Océan, et tout entier : il y versera la plénitude des choses divines. Et c'est là le vrai mot de la félicité qui vous y attend.

Cher roseau, maltraité par la tempête, *paupercula, tempestate convulsa* [2], le souvenir de vos tombes vous y accompagnera, il vous troublera. Manquer d'un tel souvenir et d'un tel trouble serait manquer de noblesse chrétienne : je ne vous souhaite pas la sérénité à ce prix. Mais ce trouble même vous promet une joie de plus. Et quelle joie ? Celle d'ouvrir à votre père les portes du Paradis. « Si la vierge est une victime, dit S. Ambroise, sur l'autel du sacrifice elle trouve la clé du ciel pour l'ouvrir à ses

(1) *Quare tristis es, anima mea, et quare conturbas me ?* Ps. XLII, 5.

(2) Isaïe. LIV, 11.

parents. C'est le présent que Dieu lui fait » (1).

Et d'autre part, le monastère, en remuant d'une main pieuse et amie la poussière de vos tombeaux, la fait fleurir ; il y opère une résurrection. Vos chers morts renaissent : vous retrouvez une mère, un père ; et même le présent vous donne ce que le passé ne sut pas vous donner, il vous donne des sœurs. Vous savez si je suis véridique ; les tendresses reçues et données en font foi. La famille du Couvent a bien accompli la promesse du Sauveur : « A quiconque abandonnera tout pour moi, je rendrai un père, une mère, des sœurs. » Oh ! que je bénis l'Esprit-Saint qui daigne faire ici de ce beau vocabulaire une exacte vérité ! Si dans les échanges de la vie courante, vous disiez : « Mon amie », ce serait assurément doux ; mais dire : « Ma mère, Ma sœur », est encore plus doux, et ce sont des mots vrais.

Vous devrez donc au monastère pour votre âme un essor plus heureux, plus libre, plus beau. Et déjà, vos compagnes l'assurent, cette œuvre de la grâce a commencé. Elles

(1) *Virgo matris hostia est.*

ont vu passer sur vos lèvres le frisson de S. Bernard : « O bonheur de la retraite ! ô retraite, tu es mon unique bonheur !.. *ô beata solitudo ! ô sola beatitudo !* » Elles y ont surpris le souffle de S. Colomban : « Ma belle Dervy, mon beau couvent, dans chaque feuille de tes arbres, je vois un ange du Paradis ! »

Voilà l'essor promis à votre âme ; voici l'essor promis à votre carrière.

II.

Au fond toute carrière consiste à servir la société humaine : pour la servir, il faut l'aimer, il faut lui payer un tribut de lumière, il faut la protéger. Le monastère n'est pas dispensé de ce triple service : amour, lumière, soutien, il doit acquitter tout cela. Vous qui l'habiterez, ma chère Enfant, comment acquitterez-vous ces trois dettes ? Je vais le dire.

— C'est surtout le monastère qui enseigne l'amour du pays, parce que, aux yeux des vierges, le pays est la grande forme de la famille, l'image de la patrie céleste, et surtout le principal mandat de leur vocation. Selon une des doctrines les plus chères à la religion chrétienne, la *virginité est la gardienne de la patrie*. Ceux qui ont vu les joies et les tristesses, les sourires et les larmes se produire dans les monastères sous les formes les plus touchantes, selon les prospérités ou les revers de la patrie, seraient tentés de croire que la statue de la Sainte Vierge, si prodiguée dans les salles, dans les cellules, dans les jardins, n'est autre que la statue même de la France. Et il est vrai de dire que l'image de Marie, Mère de Dieu, les fait toujours penser à la France, mère des Français, et que le culte de la seconde est entretenu par le culte de la première.

Ah ! si le Couvent de Notre-Dame n'aimait pas la France, comme il mentirait à son origine lorraine ! Son Fondateur, le B. Pierre Fourier, avait un patriotisme ombrageux et fier. Tel était alors l'esprit lorrain, et tel il est encore aujourd'hui. Ecoutez, et jugez.

Après nos défaites, après la perte de nos frontières, Metz, étant sous le joug allemand, voulut honorer les soldats français morts dans ses murs durant le siège. On réunit leurs ossements dans un cimetière isolé au-delà des remparts, et on y dressa un mausolée. Le jour venu, trente mille Messins descendirent en silence, leur Evêque en tête. Cet Evêque est Breton. Il bénit le mausolée, il pria ; il voulut parler, il ne savait que pleurer. Enfin, soulevant sa poitrine, il en tira cet unique cri : « Espérance ! » A ce cri répondirent trente mille sanglots, qui furent suivis d'un silence morne... O scène inoubliable ! Ce jour-là, on put dire : « L'Allemagne tient le corps de la Lorraine ; mais son cœur,... elle ne l'a pas..., elle ne l'aura pas ! »

Eh bien, le Couvent de Notre-Dame est une maison d'origine et d'esprit lorrains : c'est dire à quel point l'amour de la France y est compris.

L'Irlandais qui a émigré en terre étrangère, porte sur son cœur une touffe de gazon cueilli dans le sol natal, et, à ses heures de nostalgie, il le porte à ses lèvres, et il dit : « Je reverrai l'Irlande. » Le Couvent de Châlons est une touffe de gazon lorrain. Châlonnais, vous la portez sur votre cœur, et vous espérez... On a observé que les familles militaires le choisissent volontiers pour l'éducation de leurs enfants : est-ce instinct de patriotisme ? Vous, ma chère Sœur, qui y fixez votre carrière, vous entretiendrez ce feu sacré, vous y pratiquerez et enseignerez l'amour du pays.

— J'ai dit que chacun lui doit aussi des

lumières, c'est-à-dire des idées justes : Vous lui paierez ce tribut. Un monastère est un lieu d'oracles ; on n'en approche pas sans se sentir bien conseillé. Je veux réduire ses conseils à un seul, qui est l'accord des esprits avec la religion. Aujourd'hui on parle beaucoup de *Concordats :* or, je distingue trois genres de Concordats : le Concordat légal, le Concordat historique, et le Concordat intime.

Il y a un Concordat *légal*. En 1802, le premier Consul de la République française, prenant le glaive où tant de victoires étincelaient déjà, en trempa la pointe dans le sang de nos martyrs, naguère immolés par les bourreaux voltairiens, et signa les engagements de ce contrat au nom de la France, pendant que le pieux et suave Pie VII, trempant sa plume dans les larmes de l'Eglise, les signait au nom de la Papauté. Ce Concordat a relevé les ruines de la France, plus encore que celles de la Religion. Lorsque les chauve-souris du matérialisme essaient de mordre et de déchirer le parchemin de ce pacte glorieux, l'aigle qui dort sous le dôme des Invalides s'éveille, il donne un coup d'aile, et il les met en fuite.

Il y a un Concordat *historique*. J'appelle ainsi le lien puissant noué entre la patrie et la religion par les grands souvenirs de l'histoire nationale. Ces souvenirs ont une autorité plus pénétrante lorsqu'ils sont personnifiés par des femmes illustres : alors le pays tient à la religion par la gloire, par la poésie, par l'admiration, par l'espérance. En Israël, lorsque le peuple voulait trahir la religion, il croyait voir l'émouvante figure de Déborah, celle de Judith, celle d'Esther,... et il demeurait fidèle. En France, lorsqu'on tente de renverser la religion, les hommes de quelque culture aperçoivent l'émouvante figure de Clotilde, celle de Geneviève, celle de Jeanne d'Arc,.... et ils ont peur, se disant que renverser le Christianisme serait sans doute renverser la patrie dont il fit la prodigieuse grandeur.

Les Sarrasins, qui faisaient l'assaut de la ville d'Assise, reculèrent en voyant la vierge sainte Claire portant à la main le ciboire de l'Eucharistie, c'est-à-dire le mystère de la foi chrétienne. Quand les sectaires font l'assaut de nos croyances, nos vierges et nos reines nationales sortent du sanctuaire de notre histoire, portant l'évangile à la main. Les sectaires reculeront-ils?....

Reste le Concordat *intime* : je nomme ainsi le lien qui attache à la religion le cœur d'un père, celui d'un frère, celui d'un ami, par la douce autorité d'une vertu aimée. Ce Concordat, les vierges l'ont négocié souvent, et Dieu les y convie chaque jour. Une causerie de parloir, une lettre, un souvenir, tout y suffit. Il y a quelques années, un maréchal de France se dérobait secrètement des journées entières pour les passer avec sa fille, religieuse d'un couvent; et au bout de ces longs tête-à-tête, le maréchal calquait toutes ses pensées sur les paroles de la vierge. Un célèbre socialiste allait entretenir souvent sa fille, devenue une de nos vierges chrétiennes, et ses oppositions farouches tombaient chaque fois devant son limpide et céleste regard. Voilà ce que j'appelle le Concordat *intime;* le monastère en contient les tout-puissants négociateurs; c'est vous.

Et comme vous élevez la jeunesse des femmes, vous les formez à remplir le même office. Vous leur enseignez, avec la science du Christianisme, la bonté, la piété, la grâce, la simplicité, toutes les qualités qui composent le fil d'or avec lequel la jeune fille chrétienne conduit son père à Jésus-Christ. De là ce suave apostolat dont la vie domestique est remplie.

En 1848, un de ces pionniers que la fougue novatrice avait portés à l'avant-garde de la démocratie, voyant la populace se ruer contre une croix, la fit reculer en criant : « La croix a sauvé le monde... Si vous voulez la renverser, vous passerez sur mon corps ! » D'où lui venait ce mouvement sublime ? Il avait une fille gracieuse, et il déférait toujours à sa piété avec un docile respect.

Voilà, ma chère Sœur, quel genre de lumière et de conseil vous allez servir à votre pays. Par surcroît, il vous sera donné de lui offrir, comme vierge de monastère, un genre de défense : vous le protégerez.

Le pays s'est placé envers Dieu sur le pied d'un duel. On le provoque en bannissant de l'école Celui qui a dit : « Ne me séparez pas des enfants » (1) ; en bannissant de l'hospice Celui qui a dit : « Je veux être

(1) *Sinite parvulos et nolite eos prohibere ad me venire.* Matth. XIX, 14.

inséparable du malade » (1) ; en bannissant de l'armée Celui qui a dit : « Je suis le Dieu des armées » (2) ; en bannissant de toutes les lois Celui qui a dit : « Je suis le principe de toute loi » (3). Le pays provoque Dieu. Dieu se défend ; la Bible l'a dit : « Les peuples finissent là où finit la liberté des enfants de Dieu (4). Au besoin, dit ailleurs la Sainte-Ecriture, il recruterait toutes les forces réunies de l'univers pour écraser cette insanité » (5). Quelle peut être l'issue de ce duel ? Jésus-Christ, qui est tout, anéantira le pays qui n'est rien, et ce sera fini !

Fini,... à moins que Jésus-Christ ne soit désarmé. Et qui donc le désarmera ? Ah ! demandez-le au Ciel et à la terre. La terre vous répondra, en pleurant d'amour, qu'il est une loi supérieure en vertu de laquelle le

(1) *Infirmus eram... Quandiu fecistis uni ex his fratribus meis minimis, mihi fecistis.* Matth. XXV, 36-40.

(2) *Dominus Deus exercituum.* II Reg. V, 10.

(3) *Per me legum conditores justa decernunt.* Prov. VIII, 15.

(4) *Constituit terminos populorum juxta numerum filiorum Israël.* Deut. XXXII, 8.

(5) *Pugnabit cum illo orbis terrarum contra insensatos.* Sap. V, 21.

supplié est à la merci du suppliant, et que, pour renverser le fort prêt à frapper au nom de la justice, il suffit d'embrasser ses genoux. Le Ciel vous répondra que Jésus-Christ lui-même a établi une suppliante irrésistible, c'est la vierge chrétienne, d'abord Marie, et, après Marie, celles qui continuent sa virginité.

Allez donc, ma chère Enfant, entrez dans ce monastère : là, ne cessez pas d'embrasser les genoux du Seigneur. Priez pour nous protéger, pour nous défendre ; écartez du pays tous les malheurs. Liez la justice de Dieu, et déliez sa bonté. Ouvrez ses mains pleines des trésors qui font la gloire des nations. Sainte Thérèse disait à ses filles : « Nous ne pouvons être ni hommes de guerre, ni hommes d'école, ni hommes d'Etat ; mais nous pouvons obtenir de Dieu qu'il accorde à notre patrie de grands hommes d'école, de grands hommes de guerre, de grands hommes d'Etat. »

Je vous livre cette parole de sainte Thérèse, qui suffirait pour entretenir votre âme devant le Saint Sacrement, chaque jour, jusqu'à la fin de votre vie. Je charge l'écho de cette chapelle de vous redire souvent ces deux choses : la première, que ce monastère est une forteresse établie par l'Eglise pour protéger la France ; la seconde, que la vierge, agenouillée devant la croix, est la bienfaitrice de la France et de l'Eglise.

Et maintenant, je vais vous bénir. Le cœur de tous vos amis va monter sur mes lèvres avec le mien, pour donner aux prières de la religion l'accent de la tendresse, celui des regrets, celui des bons présages. Je vous ai comparée à la colombe sortie de l'Arche ; comme elle, vous allez y rentrer en portant un rameau d'olivier.

Nous allons vous conduire jusqu'à sa porte. Vous vous y dirigerez d'un pied libre et content. A votre droite, l'amitié vous y suivra représentée par un homme dont l'honneur si pur est relevé par la couronne des disgrâces ; à votre gauche, la famille vous y suivra, représentée par une chrétienne du plus beau caractère. Là, vous nous direz adieu.

De l'autre côté du cloître, vous tomberez dans les bras d'une mère en qui toutes les tendresses humaines et toutes les délicatesses divines se sont rencontrées, et dans les bras de vos compagnes si cordiales, si ingénues, si enjouées. Et en pénétrant dans la communauté, vous vous réjouirez d'appartenir à une société aussi belle que celle de la primitive Eglise; car les vierges de ce monastère, comme les premiers chrétiens, ont un seul cœur et une seule âme. *Multitudinis credentium erat cor unum et anima una* (1).

Selon les rites de l'Eglise, je vais vous donner un nom nouveau qui règlera désormais la terminologie de vos relations; mais auparavant, je vous salue d'un nom qui exprime les sentiments de cette assemblée si nombreuse, si touchante, si amie : je vous appelle *Espérance*.

(1) Act. IV, 32.

Châlons, Martin frères, imp. de l'Evêché.

BIBLIOTHEQUE NATIONALE DE FRANCE
3 7502 00854939 8

www.ingramcontent.com/pod-product-compliance
Ingram Content Group UK Ltd.
Pitfield, Milton Keynes, MK11 3LW, UK
UKHW020421220726
13923UKWH00005B/2094